# In Praise of
## *Echeverría's Works*

Julio Serrano Echeverría, un poeta prolífico que practica complejidad del lenguaje poético y el pensamiento, evoca fácilmente al Duende en esta colección de poemas. Julio tiene esa llama prendida que, "emerge del mar/ como un puño que reclama, / emerge de la tierra / como un puño que florece/". Así se hace camino Julio con sus palabras, con su música, que perforan la memoria y el alma del lector con sus poemas y prosa para contar como muchos anhelan irse para el Otro Lado, o pasan por el desierto oyendo los cantos de la arena y las piedras. ¡Es grande el Julito, su voz—transcendental!

— Claudia D. Hernández
Escritora

Estos textos nos acercan a la tierra, como las serpientes nos recuerdan que nacemos y volvemos a ella, por eso, con sus sigilosos movimientos le abren el camino, como "sal del sol", a estos versos de Julio Serrano.

— Irma A. Velásquez Nimatuj Ph.D.
Antropóloga Maya K'ichee'

# Central América

poems by
**Julio Serrano Echeverría**

FlowerSong Press
Copyright © 2021 by Julio Serrano Echeverría
ISBN: 978-1-953447-43-2
Library of Congress Control Number: 2021944540

Published by FlowerSong Press
in the United States of America.
www.flowersongpress.com

Cover art by Julio Serrano Echeverría
Translated by Fernando Feliu-Moggi
Cover Art Design by Edward Vidaurre
Set in Adobe Garamond Pro

No part of this book may be reproduced without written permission from the Publisher.

All inquiries and permission requests should be addressed to the Publisher.

# Contents

**Poetry in English**

| | |
|---|---|
| I | P 1 |
| II | P 5 |
| III | P 9 |
| IV | P 15 |
| V | P 19 |
| VI | P 27 |
| VII | P 29 |
| VIII | P 33 |
| IX | P 35 |
| X | P 37 |
| XI | P 43 |
| XII | P 55 |
| XIII | P 59 |
| XIV | P 61 |
| XV | P 63 |

**Poesía en Español**

| | |
|---|---|
| I | P 3 |
| II | P 7 |
| III | P 12 |
| IV | P 17 |
| V | P 23 |
| VI | P 28 |
| VII | P 31 |
| VIII | P 34 |
| IX | P 36 |
| X | P 40 |
| XI | P 49 |
| XII | P 57 |
| XIII | P 60 |
| XIV | P 62 |
| XV | P 67 |

to my friends
for lending me their voice

a mis amigos,
por prestarme su voz

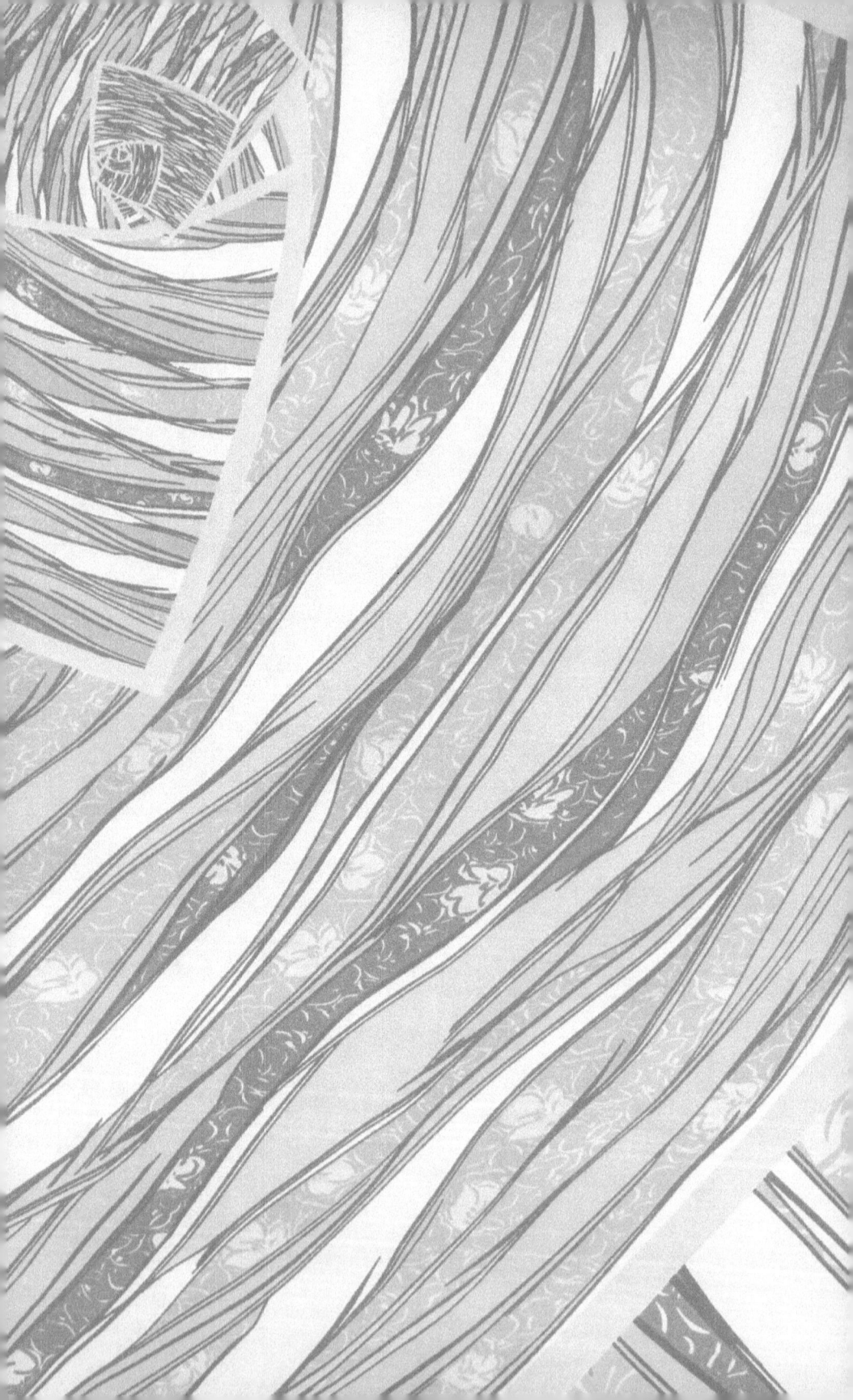

*Imagine then the rewards of the city floating on the black water where those who fail will drown. The faces of the village dwellers upon saying goodbye offer him no answers.*

*Imagina entonces las recompensas de la ciudad flotando en el agua negra donde se ahogarán aquellos que fallen. Los rostros de los habitantes del pueblo al despedirse no le ofrecen respuestas.*

— **John Berger**

*The more miraculous the land seems the more the merit of those who labored it vanishes.*

*Cuanto más milagrosa aparece la tierra más se esfuma el mérito de quienes la trabajaron.*

— **Severo Martínez**

*Courage then, damn it! We have to keep walking.*

*Fuerza pues ¡carajo! Tenemos que seguir andando.*

— **Francisco Nájera**

# I

We emerged from the sea
when we were still stone
we parted the waters
we became bridge
we were navel
waist of stone
waist of earth
waist of forest
we emerged from the sea
like a clamoring fist
we emerged from the earth
like a flowering fist
that's how we made our way
between the heart
and time

Way of the wind
way of the light
way of the stones
way of the rivers
way of the mountains
way of the words
way of the elders
way of the mothers
way of the brothers
way of the friends
way of the grandchildren

way of ways.

northbound

southbound
sun-bound
night-bound.

That is how they cracked,
the lines on our hands
the lines on our feet
like small continents coming together
like mountain ranges running through our bodies
like earthquakes and ravines
where the sound of our voices rises and disappears.
As the lines in our skin were drawn
we wrote the memory of the stones.

So the paths of blood at dawn
the winding of hope
the bite of the sun.

# I

Emergimos del mar
cuando aún éramos piedra,
partimos las aguas,
nos hicimos puente,
ombligo fuimos
cintura de piedra,
cintura de tierra,
cintura de selva;
emergimos del mar
como un puño que reclama,
emergimos de la tierra
como un puño que florece,
así nos hicimos camino
entre el corazón
y el tiempo.

Camino del viento,
camino de la luz,
camino de las piedras,
camino de los ríos,
camino de las montañas,
camino de las palabras,
camino de los abuelos,
camino de las madres,
camino de los hermanos,
camino de los amigos,
camino de los nietos,

camino de los caminos.

Hacia el norte,

hacia el sur,
hacia el sol,
hacia la noche.

Así fueron agrietándose
las líneas en nuestras manos,
las líneas en nuestros pies;
como pequeños continentes que se unen,
como sierras que atraviesan nuestros cuerpos,
como terremotos y barrancos
donde el sonido de nuestras voces crece y desaparece.
Así fueron dibujándose
las líneas en la piel,
fuimos escribiendo
la memoria de las piedras.

Así los recorridos de la sangre al amanecer,
el serpenteo de la esperanza,
la mordedura del sol.

## II

Here we are
here we remain
moving.
Vibrating
like the trees vibrate
creaking
like the stones creak
song and string on a branch
the ancient voice of the cliffs
the gentle hand of the breeze.

Here under the skin
we become song
drawings on the stone
passing imperceptibly
through the gaze of someone
awakening mid-afternoon.

The trees run fast through the windows
were we to remember how we were in the waters
the trees would be dolphins
and the mountain whales
were we to remember
the desert from this window would be ocean.

The windows show the desert
were we to remember what we were like on earth
that which is not this bus
would be giant bodies dreaming us
and the Mexican woman and her five daughters next to me
would be a dream of the giant bodies

and the unsuspecting gaze of those who leave
and become forest
and become desert
sunset
sun on the face
an unsuspecting flicker they would be
a barely perceptible tremor they would be
the speedy movement on shut eyes they would be
of those giant bodies that would dream
were we to remember when we were earth

The windows show the desert
or the forest
or the dusk
what is inside
the blurry memory
written on our faces.

## II

Acá estamos,
aquí seguimos,
moviéndonos,
vibrando,
como los árboles vibran,
crujiendo
como las piedras crujen,
canto y cuerda en una rama,
la voz antigua de los acantilados
la mano suave de la brisa.

Acá bajo la piel
nos hacemos música,
dibujos sobre la piedra
que pasan imperceptibles
por la mirada de alguien
que despierta en medio del atardecer.

Los árboles corren veloces por las ventanas,
de recordar cómo éramos en las aguas,
los árboles serían delfines
y las montañas ballenas,
de recordar,
el desierto sería el mar desde esta ventana.

De recordar cómo éramos en la tierra,
aquello que no es este bus
serían cuerpos gigantes soñándonos,
y la mujer mexicana y sus cinco hijas a mi lado,
serían un sueño de los cuerpos gigantes,
y la mirada desprevenida de los que se van

y se hacen bosque,
se hacen desierto,
atardecer,
sol en el rostro:
un parpadeo desprevenido serían,
un temblor apenas perceptible serían,
el movimiento veloz en los ojos cerrados serían,
de aquellos cuerpos gigantes que tendrían sueños
si recordáramos cuando éramos tierra.

Las ventanas le muestran al desierto,
o al bosque,
o al atardecer,
aquello que está dentro,
el recuerdo borroso
que está escrito en nuestros rostros.

# III

Memory is a journey
we will walk the sea
we will walk the jungle
we will walk the desert
stone on stone
to remember ourselves
we will run in the opposite direction
to strain our heart
to get words out of our chest.
From these bus windows
you will remember us little by little
little by little we will remember you.

It is night
like the impassable nights where there was only fire
on the asphalt lit up by the lights of the Pullman
emerges a family sitting around the bonfire.

The windows bear witness inside the bus
to a dance of dreaming glassy eyes
that remember the desert without knowing
following the seasons
collecting foodstuffs.
They remember the fire
and the unspeakable flame that burned inside them.

Someone awakens in the middle of the night
the moon is out the sand is blue
stardust
someone awakens and states harshly inward
*We've always chased food*

*because we've always been hungry!*
and the windows bear witness
inwards
outward
to this insatiable pursuit of shelter
in order not to arrive empty-handed
to our deathbed.

Someone awakens mid-dawn
They dreamed they blew soap bubbles in a park
but they are no longer dreaming.
It is day
and the desert peels like a dry snake
every stone a tree
every scale a feather.
The windows bear witness now
to a girl and her memory
sleepy magma of the earth
crossing the erupting time

Military. Cops. Hurried people sad and scared. Suits of many colors. Fabrics and textiles everywhere. Women men and children selling food and sodas through the windows at bus stops. Poor people and houses. The color of the crops. Peasants in the distance plowing working the land. Mountains. Large tracts of land idle land. More peasants. Baskets. Animals inside baskets. Stray dogs. Little boys and girls with *mecapales* on their forehead carrying large bundles of wood bags with vegetables. Sadness. Angry people. Pregnant women carrying babies on their backs or walking alongside them. Teenage women aged woman-like. Women with aprons. Many electrical wires many nests on electrical wires. More hurried people running. Bus assistants yelling. Garbage. Snotty children. Angry and beautiful children crying. Teens playing kick in the street. Drunkards. The city saloon shops. Coca Cola ads beer ads tourist spot ads giant ads with semi-naked women who are not like us. Bales. Buses at high speeds everything a racket. Chaos pain.

The girl opens all the window in the bus
and doesn't scream
she breathes.

## III

La memoria es una travesía,
caminaremos el mar,
caminaremos la selva,
caminaremos el desierto;
piedra sobre piedra
para recordarnos,
correremos en dirección opuesta
para tensar el corazón,
para sacarle las palabras al pecho.
Desde estas ventanas de autobús
nos irás recordando poco a poco,
poco a poco te iremos recordando.

Es de noche
como las noches infranqueables donde solo había fuego,
aparece en el asfalto iluminado por las luces del pullman
una familia sentada alrededor de la hoguera.

Las ventanas atestiguan dentro del bus,
una danza de ojos vidriosos que sueñan,
recuerdan el desierto sin saberlo,
siguiendo las estaciones,
recolectando alimentos.
Recuerdan el fuego
y la innombrable llama que les ardía por dentro.

Alguien despierta en medio de la noche,
hay luna y la arena es azul,
polvo de estrella,
alguien despierta, recio, pronuncia para sí
*¡Siempre hemos perseguido a la comida*

*porque siempre hemos tenido hambre!,*
y las ventanas atestiguan
hacia dentro,
hacia afuera,
esta insaciable búsqueda de abrigo
para no llegar con manos vacías
al lecho de la muerte.

Alguien despierta en medio del amanecer,
soñaba que hacía burbujas de jabón en un parque
pero ya no lo sueña más.
Es el día
y el desierto se descascara como una serpiente seca,
cada piedra, un árbol
cada escama, una pluma.
Las ventanas atestiguan ahora
a una niña y su memoria,
magma adormecido de la tierra
atravesando el tiempo en erupción.

Militares. Policías. Gente apresurada, triste y con miedo. Trajes de muchos colores. Tejidos y textiles en todos lados. Mujeres, hombres y niños vendiendo comida y refrescos a través de las ventanas en las paradas de bus. Gente y casas pobres. El color de los cultivos. Campesinos a lo lejos arando trabajando la tierra. Montañas. Grandes extensiones de tierra, tierra ociosa. Más campesinos. Canastos. Animales dentro de canastos. Perros callejeros. Niñas y niños pequeñitos con mecapal a la frente cargando enormes atados de leña, sacos con verduras. Tristeza. Gente enojada. Mujeres embarazadas cargando bebés a la espalda o caminando junto a ellos. Mujeres adolescentes aseñoradas, envejecidas. Mujeres con delantales. Muchos cables eléctricos, muchos nidos sobre cables eléctricos. Más gente apresurada corriendo. Ayudantes de bus gritando. Basura. Niños llenos de mocos. Niños llorando enojados y hermosos. Muchachos jugando a las patadas en las calles. Borrachos. La ciudad, cantinas, changarros. Anuncios de Coca Cola, anuncios de cerveza, anuncios de lugares turísticos, anuncios gigantes con mujeres semidesnudas que no son como nosotras. Pacas. Buses a gran velocidad, todo en estrépito. Caos, dolor.

La niña abre todas las ventanas del bus,
y no grita,
respira.

# IV

She opens her hand.
A line crosses perpendicular down the center.
She thinks of the dried corpse of a snake
cracking in the middle of the desert
abandoned there
dead there
rotten there
in the center of her hand
in the exact center of the desert.
Vertiginous she breaks the lines to form a cross with the plaques of Earth
dry and salty she crosses the mountains like the ghost of an old
ARRIERO that no longer
speaks
spectral, the line is like
a corpse that SE ASTILLA transversally to the rivers of her hand.

The line is like a scar in destiny
like a sleeping body unearthed
like the machines abandoned in the middle of roads
toys of nothingness.
Line scar like a wire cactus in Ceuta or Nicosia
like the electrical scorpions between India and Pakistan
like the ribs of a coyote of West Bank concrete
there the forgetful line
blurry like oceanic abysses seen from heaven
blurry like the shade of a Sahrawi walking through a field in Morocco
like a Polaroid falling in the bag of a South Korean couple in Freedom
Bridge.

She closes her hand and tightens her fist.
She leans her head.

She gets lost.
She gets lost and does not go to the horizon
nor to the impetus of the waves at dusk
nor to the texture of the earth
and her folds of muted dust.
She fills slowly with sand
a foretold void
the dark night of the solar plexus.
She gets lost in the vertigo
of leaning out her full body to the shore.

Her ayes are not open to allow for time to flee.
Her goes nowhere lost in the heavens that are now the window.
She is not quietly holding her face
to be found sitting in silence
bearing that enormous weight
her face can't hide.
The gaze escapes
through the infinite vertical that begins in her hand
and opens like a tectonic plate into the darkness.

The sound of the sand
is a stream where yellow
portraits float
like dead leaves.

There are no more city lights.
The stones that fall in the desert
sound like doors closing behind her.

She tries to sleep.

# IV

Abre la mano.
Una línea la atraviesa perpendicular por el centro.
Piensa en el cadáver seco de una serpiente
agrietándose en medio del desierto,
abandonada ahí,
muerta ahí,
podrida ahí,
en el centro de su mano,
en el centro justo del desierto.
Vertiginosa parte las líneas para formar una cruz con las placas de la Tierra,
seca y salada atraviesa las montañas como el fantasma de un viejo arriero que ya no habla,
espectral parece la línea,
un cadáver que se astilla transversal a los ríos de la mano.

Está la línea como una cicatriz en el destino,
como un cuerpo dormido que se desentierra,
como las máquinas que se abandonan en medio de los caminos,
juguetes de la nada.
Línea cicatriz como un cactus de alambre en Ceuta o Nicosia,
como alacranes eléctricos entre India y Paquistán,
como costillas de un coyote de concreto cisjordano,
ahí la línea desmemoriada,
borrosa como se ven los abismos marinos desde el cielo,
borrosa como la sombra de un saharaui caminando por un campo minado en Marruecos,
como una polaroid que se cae de la bolsa de una pareja de surcoreanos en el Puente de la libertad.

Cierra la mano y aprieta el puño.

Recuesta la cabeza.
Se pierde.
Se pierde y no va al horizonte,
ni al ímpetu de las olas al atardecer,
ni a la textura de la tierra
y sus pliegues de polvo enmudecido.
Se llena lentamente de arena,
vacío anunciado,
la noche oscura del plexo solar.
Se pierde en el vértigo
de asomar el cuerpo entero a la orilla.

No están abiertos sus ojos para dejar escapar el tiempo.
No va a ningún lado la vista perdida en cielos que ahora son ventana.
No se queda en silencio sosteniéndose el rostro
para ser descubierto sentado en silencio
sosteniéndose el peso inmenso
que no disimula en el rostro.
Se va la mirada
por la infinita vertical que comienza en la mano
y se abre como placa tectónica a la oscuridad.

El sonido de la arena
es el de un riachuelo sobre el que flotan
retratos amarillos
como hojas muertas.

No quedan ya luces de la ciudad.
Las piedras que caen en el desierto
suenan como puertas cerrándose a la espalda.

Trata de dormir.

# V

*I want to say: By my being an expatriate*
*you are an ex-homeland*
— Roque Dalton

There is a path that crosses the mountain
there is a path that crosses the sea
there is a path that crosses the sky
someone walks at night
across the path.

Time is a string that unravels
the ancients' thought sitting at their doorstep.

*We started walking*
*through a place called Canaan.*


August 30 2002

*The fear of her not coming back the fear that the questions would come for*
*me when the phone rang the fear of sleeping alone in that house or that*
*someday neither would ever hear again from the other.*

Two children play with their bicycles going in circles wrapping a string
as if
they had been adults when starting out.
"Why does your  mom call you that?"
"I have one name on this side and another one on the other."
He told him while he showed him a think scar that crossed his chest
and his tiny fingers drew something like
a bridge
or a boat

or a bus in the middle of the night.
The other boy stared at the scar with the curiosity of one who discovers *serious things* and they kept playing.

*I don't remember when we left because it was night but when we arrived what I first saw were the leafless trees (it had snowed in Mexico City) and also the subway its bright orange color.*
*Many cars and an uncertainty that I still have a hard time tying to landscapes.*
*We were foreign.*

March 21 1994

The pupil is a strange cell
the pupil is a strange virus
the pupil is a rubric of the sky
that flutters in despair.

The head is a strange pendulum
the head is a little bird about to break the shell
the head is a labyrinth of anguish
a mallet of silence.

The hands are strange roots
the hands are spiders lying in wait
the hands are sweat and clenched they are a fist
and the fist is the size of the heart.

*Ontario was an immensely cold and expensive city when we arrived at the airport there was a limousine waiting for us. The driver was a really tall guy who was funny because he laughed just like Woody Woodpecker.*

*Ontario*
*New York*

*Massachusetts*

*We arrived in Mexico City a few weeks before the earthquake. I stayed there for 22 years.*

*Paseos de Churubusco*
*Colonia Apatlaco*
*Colonia Reforma Iztaccihuatl*
*Colonia Granjas Esmeralda*
*Narvarte*
*Jardín Balbuena*
*Nativitas*
*Copilco-Universidad*
*Constitución de 1917*
*San Miguel Neighborhood*
*Colonia Educación*
*Nápoles*
*Roma Norte*
*and finally, Agrícola Oriental.*

*I found a house (my parents') smaller than I remembered; faces (those of my little friends) that were hard to recognize and (as adults) that I never recognized.*

### April 30 1982

There's a road that runs within
there's a line that breaks us inside
there's a wall
and another wall
and barbed wire that bloats our hands inside.
There's a desert
and a jungle
and a fluctuating north inside.

There's ocean
oceans that dry up
oceans that rumble inside.
There's a raft that floats aimlessly
some shoes that explode in the fire
thirst and sun
infernal sun inside.
There's fatigue
and some lips chapping
and a dry gaze
dry and salty
inside
out.

*That night sitting on the bed I watched my legs for I don't know how long I tried to say something to myself and was unable to.*

*Guatemala*
*San José*
*Managua*
*Tepexpan*
*Comitán*
*Playa Grande*
*State of México*

# V

> *Quiero decir: por expatriado yo*
> *tú eres ex-patria*
> — Roque Dalton

Hay una vereda que atraviesa la montaña,
Hay una vereda que atraviesa el mar,
hay una vereda que atraviesa el cielo,
alguien camina en la noche
atravesando la vereda.

El tiempo es un hilo que se desenreda,
pensaban los abuelos sentados a la puerta de la casa.

*Empezamos a caminar*
*por un lugar que se llama Cananea.*

### 30 de Agosto de 2002

*El miedo a que ella ya no regresara, el miedo a que me llegaran a buscar, a las preguntas al timbre del teléfono, el miedo a dormir sola en esa casa o a que un día ninguna supiera nunca más de la otra.*

Dos niños juegan con sus bicicletas  dan vueltas en círculo enrollando
un hilo  como si hubieran sido adultos cuando empezaron
—¿Por qué tu mamá te dice así?
—De este lado tengo un nombre y de este otro.
Le respondió mientras le mostraba una delgada cicatriz que le partía el pecho,
y sus pequeños dedos dibujaban algo parecido
a un puente,
o a un barco,

o a un bus en medio de la noche.
El otro niño vio fijamente la cicatriz con la curiosidad del que descubre las cosas serias
y siguieron jugando.

*No recuerdo cuando iba saliendo porque era de noche, pero al entrar lo primero que vi fueron árboles sin hojas (había nevado en el D.F.), y también el metro su color naranja intenso.*
*Muchos carros y una incertidumbre que me cuesta asociar aún con los paisajes.*
*Éramos ajenos.*

21 de marzo de 1994

La pupila es una célula extraña,
la pupila es un virus extraño,
la pupila es una rúbrica del cielo,
que se agita desesperándose.

La cabeza es un péndulo extraño,
la cabeza es un pajarito a punto de salir del cascarón,
la cabeza es un laberinto de angustia,
un mazo de silencio.

Las manos son unas raíces extrañas,
las manos son arañas al acecho,
las manos son sudor y apretadas son puño,
y el puño es del tamaño del corazón.

*Ontario era una ciudad inmensamente fría y cara, cuando llegamos al aeropuerto, nos estaba esperando una limosina. El conductor era un tipo altísimo y que tenía la gracia de reírse igualito que el Pájaro Loco.*

*Ontario,*

*Nueva York,*
*Massachusetts.*

*Llegamos al D.F. pocas semanas antes del terremoto. Allí permanecí 22 años.*

*Paseos de Churubusco,*
*Colonia Apatlaco,*
*Colonia Reforma Iztaccihuatl,*
*Colonia Granjas Esmeralda,*
*la Narvarte,*
*la Jardín Balbuena,*
*la Nativitas,*
*Copilco-Universidad,*
*Constitución de 1917,*
*Barrio de San Miguel,*
*Colonia Educación,*
*la Nápoles,*
*la Roma Norte,*
*y finalmente a la Agrícola Oriental.*

*Me encontré con una casa (la de mis padres) mucho más pequeña de lo que recordaba; rostros (de mis amiguitos) que me costaba reconocer y (de adultos) que nunca reconocí.*

### 30 de abril de 1982

Hay un camino que se recorre por dentro,
hay una línea que nos parte por dentro,
hay un muro
y otro muro
y alambres de púas que nos hinchan las manos por dentro.
Hay un desierto,
y una selva,

y un norte fluctuante por dentro.

Hay mar,
mares que se secan,
mares que retumban por dentro.
Hay una balsa que flota sin rumbo,
unos zapatos que se revientan contra el fuego,
sed y sol,
sol infernal por dentro.
Hay un cansancio
y unos labios que se quiebran,
y la mirada seca,
seca y salada,
por dentro,
por fuera.

*Esa noche sentada sobre la cama, permanecí observando mis piernas no sé por cuánto tiempo, intenté decirme algo y no pude.*

*Guatemala,*
*San José,*
*Managua,*
*Tepexpan,*
*Comitán,*
*Playa Grande,*
*Estado de México.*

# VI

The fire will return
like it was in the lights of that bus on the pavement
like it was on the skin over the skin every spring sometimes
like the funerals where you were in the first row
like the flame that burnt in the eyes of the first humans.

Once the rafts are burnt
the fire will return.

And it will be the one of the names erased like figures on the sand
that of the roads that lengthen at the back
that of the river that is and is not the same.
The fire will be walking exactly over the fire
to fall in love with life
when from afar you see the wall
cutting pointlessly the desert
trying to part the ocean stupidly
and you are on the other side.

When you are once more the wind of wishes
and the smell of the earth becomes the immortal fragrance of the roads
then fire will be there again
like a blaze on the dry branches of forgetting
over the gray leaves of death.
The fire will now return under your new garments
and the bodies will burn
under the sun in the horizon.

# VI

Volverá el fuego,
como fue en las luces de aquel bus sobre el asfalto,
como fue en la piel sobre la piel todas las primeras veces,
como los funerales en que estabas en primera fila,
como fue la llama que ardía en los ojos de la primera humanidad.

Incendiadas la balsas,
volverá el fuego.

Y será el de los nombres que se borran como figuras en la arena,
el de los caminos que se hacen largos por la espalda,
el del río aquel que es
y no es el mismo.
El fuego será caminar precisamente sobre el fuego,
enamorarse de la vida
cuando desde lejos se observe un muro
partiendo inútilmente el desierto,
tratando de partir estúpidamente el mar,
y tu estés al otro lado.

Cuando vuelvas a ser el viento de los deseos
y el aroma de la tierra sea el inmortal perfume de los caminos,
entonces será el fuego ahí de nuevo,
como un incendio en las ramas secas del olvido,
en las hojas grises de la muerte.
El fuego volverá ahora bajo tu ropa nueva,
y arderán los cuerpos
al sol en el horizonte.

# VII

It's commonplace
to let the backpack fall
with the body
take sips of water
as if kissing a child
dreaming of new shoes
and clean socks
dreaming of feet that don't bleed
that don't burn.
To walk under the sun
but only as a shadow
to climb on a train
to become night
to awaken with no roof
and almost having one
and to awaken again without it.

It's commonplace to run away
to cross oneself all the time
sit on sidewalks
smile with golden teeth
dress with oversized clothes
have rough hands
sit by the window without seeing
place hands on knees
lower the head
hide one's face under a cap
walk in small groups.

To call every three nights
to wait for your return

to know something of you
to stop waiting
to forget.

It is commonplace to die every day
let your body fall into a river
that flows into the seashore
where nobody remembers anything
and there's no breeze.

## VII

Es un lugar común
dejar caer la mochila
con el cuerpo,
dar sorbos de agua
como si se besara a un niño,

soñar con zapatos nuevos
y calcetines limpios,
soñar con pies que no sangren,
que no quemen.

Caminar bajo el sol
pero solo la sombra,
montarse a un tren,
hacerse noche,
amanecer sin techo,
casi tener uno,
y volver a amanecer sin él.

Es un lugar común salir corriendo,
persignarse a cada rato,
sentarse en las aceras,
sonreír con dientes dorados,
vestirse con ropa que te queda grande,
tener ásperas las manos,
ir a la par de la ventana sin ver,
poner las manos entre las rodillas,
bajar la cabeza,
ocultar el rostro bajo una gorra,
caminar en grupos pequeños.

Llamar cada tres noches,
esperar que vuelvas,
saber algo de ti,
dejar de esperar,
olvidarnos.

Es un lugar común morir todos los días,
dejar caer el cuerpo a un río
que desemboca a la orilla del mar
donde nadie recuerda nada
y no hay brisa.

# VIII

There is a point where the horizon breaks
to let the sun in.

Stairways where you walk opening the beginning of time
vertebrae to the *Heart of the sky*.

Where there was only sand
now there is road
the mirages
are the shadows of the sea.

You lave
and we all leave.

There is no summit of the world waiting for us
there's the earth
and the streaks on it
or the silence.

You left
and we all left
You had to go
and there no longer was
a place to stay.

## VIII

Hay un punto donde el horizonte se rompe
para dejar entrar al sol.

Escaleras por donde se camina inaugurando el inicio del tiempo,
vértebras al *Corazón del cielo*.

Donde solo había arena
ahora hay camino,
los espejismos
son la sombra del mar.

Tú te vas
y todos nos vamos.

No existe aquella fría cima del mundo que nos espera,
está la tierra
y las marcas sobre ella
o el silencio.

Tú te fuiste
y todos nos fuimos.
Te tuviste que ir,
y no hubo más
un lugar para quedarse.

# IX

There was the night
and the open witndow.
Sombody asked
why we were travelling like this
and nobody would answer.

You felt a wall on your face
you felt a thick wall on your chest
the insurmountable wall of the sky
and on it a graffiti
like a litany
*press your fists against your eyes*
and they asked again
and again nothing.

Travelling at night
is like closing your eyes
with the childish hope
that you won't be seen
because you can't see.

Someone with some common sense
shut the window.

## IX

Estaba la noche
y la ventana abierta.
Alguien preguntó
por qué viajábamos así
y nadie respondía.

Sentía una pared en el rostro,
sentía un paredón en el pecho,
el muro infranqueable del cielo
y en él un grafiti
como una letanía,
exprimir los puños en los ojos,
y preguntaba de nuevo,
y de nuevo nada.

Viajar de noche
es como cerrar los ojos
con la esperanza infantil
de que no te vean
porque tú no ves.

Alguien con algo de sensatez
cerró la ventana.

# X

I remember a kernel
breaking the earth
the sound of the mountain in the morning
a seed germinates
and the whole mountain trembles.

I remember the vapor after the rain
and the wet skin
draining with laughter.

I remember walking amongst the trees
*K'iché* means "forest"
and it's a village
and it's an ancestral people
and I know they are talking to me
when they speak the word *forest* to me.
I remember being at the foot of a green mountain
before a beautiful and giant stone
it's *Charming* my friend said
*this mountain has three charms*
*Drum Abaj*
*Marimba Abaj*
*and Bell Abaj*

I remember walking among the trees
*father tree* they called the largest ones.

I recall myself walking down in the mud
running away from the hard rain
all of us big
but not so big

running soaked
and end up sitting in a pick-up truck loaded with wood.
I remember the small of the wet earth
that of the wet wood
and the day I learned that K'iché
also means forest.

In these roads
the light is other
it shines yes  from below
like a clay oven
where they'll return us to the earth.
It burns  scorches yes  from above
because that is more than the sun
but rather something akin to hatred
to metal rusting in your mouth.

They told me the desert was dry
they told me I would be thirsty
they told me your feet burnt like fire.

The memory of my body is drying out
your footsteps vanish
the marks on the mountain
the spots of the jaguar
the rings in the tree trunk
the veins in the stone
the seed
the forest
the fog
the flower
they disappear here in the desert
a giant branch snapping under your feet.

They told me the desert was made of sand

they told me the desert was made of stone
they told me the desert was made of silence
but no one mentioned the dust.

# X

Recuerdo un grano
partiendo la tierra,
el sonido de la montaña al amanecer,
germina una semilla
y tiembla la montaña entera.

Recuerdo el vapor después de la lluvia
y la piel mojada
escurriendo a carcajadas.

Recuerdo caminar entre los árboles.
K'iché significa "bosque",
y es un pueblo,
y es un pueblo ancestral,
y sé de qué me están hablando
cuando me dicen la palabra bosque.
Recuerdo estar al pie de una montaña verde
ante una hermosa y gigante piedra,
es un Encanto, dijo mi amiga,
esta montaña tiene tres Encantos
*Tambor Abaj,*
*Marimba Abaj*
*y Campana Abaj.*

Recuerdo caminar entre los árboles,
árbol padre, le decían a esos, a los más grandes.

Me recuerdo bajando entre el lodo,
corriéndonos del aguacero,
todos grandes,
pero no tan grandes;

corriéndonos empapados,
y terminar sentados en un pick-up cargado de leña.
Recuerdo el olor de la tierra mojada,
el de la madera húmeda,
y el día que aprendí que K'iché
también significa bosque.

En estos caminos
es otra la luz,
brilla desde abajo
como un horno de barro
donde nos devolverán a la tierra.
Arde, quema, desde arriba
porque aquello no es más el sol,
sino algo parecido al odio,
a metal oxidándose en la boca.

Me dijeron que el desierto era seco,
me dijeron que me daría sed,
me dijeron que los pies ardían como el fuego.

Se me va secando la memoria del cuerpo,
se van borrando los pasos,
las marcas de la montaña,
las manchas del jaguar,
los anillos en el tronco,
las vetas en la piedra,
la semilla,
el bosque,
la neblina,
la flor;
desaparecen acá en el desierto,
gigantesca rama que se quiebra bajo los pies.

Me dijeron que el desierto era de arena,

me dijeron que el desierto era de piedra,
me dijeron que el desierto era de silencio,
pero nadie mencionó el polvo.

# XI
## The Sentry

### i

The desert is yellow there is no wind.
The bodies run away on the dust
they hide in the shade of a tree until they dry it up
they seek the shade
life under the shade.
And the sky caught of guard by the fog
the deep smell of vaporized skin
the shiny faces
the clouds of sweat.

### ii

An exercise for a thirsty palate
to stamp on the glass of the mirage
a dry and clumsy kiss.

Something like the wind simmers in the city
stirring on the ground an arid past among the light.
It's the whisper of the fir that runs along the crumpled borders
of the street where the rattlesnakes hide
that runs over the road of silence shattered
by the indifferent wall where the bodies and their shadow and the
afternoon equally fall.

### iii

August is the cruelest month for crossing
it's really a month for flying
to tighten your fists and run without returning at every corner.
to run and evaporate among the stones

to shrink slowly into the earth.

To climb
hot wind winding on the Rumorosa
to bask like a reptile on a white round rock
and spread your arms.

One month to launch over the sun
and be the smooth river that cleans the shores of sidewalks
return to the dust and find oneself in it.
The everyday of the cracked skin.
August peeling in the afternoon sun that breaks off from the back.

iv

Red hand dusk
tiny waves breaking on the rocks
on the wharf hearts
on the ship fingers of two hands that caress one another in the Beaches of Tijuana.

On the other side of the water's mirror
a dry pool shakes up its own waves
the moon reflects full over the earth and two hands caress each other
trembling listening to the desert
waiting perhaps for the gentle embrace of the breeze.
The time of sand is here.
Enough time to close your eyes
not expecting anything anymore.
Not expecting.

v

In the desert the words fall freely.
They are pushed by the legs of people passing by.
The sound of steps and stones.
In the deserts you can see shattered words at your feet.

The squalor of the streets says nothing
nor the warm aroma of thirst nothing the vapor that distils us.
It's night and the desert seeps through the windows.
The flintstones come in through the curtains
the Sentry things in the distance:

*Fear the dry lungs.*
*Fear the brinks that grow under the skin*
*the primaeval rock that built these bodies.*
*Fear the pain of the flesh turned into stone*
*fear infinitely the sea that surrounds us with its absence*
*fear becoming the dried blotch of blood.*
*Tremble if the wind escapes the salt of the sun.*

## vi

The eyes well up in the streets of anyplace.
The unexplainable dirge hurts under the sun.
It hurts when you walk fast and people look at people
and they see each other cry
and no one says anything,

On this side of the wall
mist.

The hands are rendered dry.
Some wind stirs ashes in the room
nothing imagined
spent tobacco and the dry aroma of ashes.
The lips birth warm tunes
songs that bring the moisture back.
The whisper of the voices flies over the streets
some troubadours and cars.

At times the voices in the Line dry up
other times they sing  they sing like a refreshing glass.

### vii

The day raises reddened.
The dominion of the sun
creaks the emboldened iron of its jaws.
Light in the valley enters sideways like a spatial wind that ruffles or shadow.
A yellowing approach to the body.
To observe the fire in its eyes
burn to survive
the crucible on the skin
your *smile is like the dawn* unknown voices whisper in his ear.

Only outside the world burns
inside and outside the skin the world burns
but that is it.
Hearts cover up
they go on with their life in the shadow
the hope of water is renewed in each instant
to follow the route of the rain through the mountains
to follow it like fever.

### viii

They say that a little to the south
the whales cry in the ocean.

### ix

The scream is not lost between the rocks.
The dust is an old howl
they can hear us from very far away
they know we are near.

The song flies over the night.

### x

The Sentry doesn't sleep.

It watches over the hand lines of the earth.

The Sentry keeps silent
listens intently
to the plea of the people walking through the valley
it listens and then sings.

*Stone of the coarse flames*
*of the incandescent fire of the earth*
*Stone of the tempest and the mystery*
*red Stone*
*gray earth*
*Stone of the buried ancestry*
*Stone of the sleeping mountains*
*of the mysterious quicksand of the souls*
*blue Stone*
*black earth*
*Stone of the insects and the snakes*
*stone of the light and Stone of the shadow*
*elder mother of the deserts*
*waving arm of the storm*
*wound on the great skin of time*
*indecipherable map of banishment*
*burning mineral*
*red Stone*
*blue Stone*
*open sweetly your fissures over us*
*break from yourself the merciless gesture*
*reveal on our skin your barren secret*
*remove the spiderweb that latches our tongue*
*the dried mud from our lips*
*the dried and salty tongues from our skin*
*Stone of Stones*
*may the colorless blood flow from you*
*turn our song to water.*

The Sentry doesn't sleep
it's a ship that's run aground in the heart of the sand.
it's a ship or a stone whale
the grandmother of all whales.
The Sentry never sleeps
it sings  sings  whispers.
Those who walk turn off their lights.

# XI
El Centinela

### i
El desierto es amarillo no hay viento.
Salen corriendo los cuerpo sobre el polvo,
se ocultan a la sombra de un árbol hasta secarlo,
buscan la sombra,
la vida bajo la sombra.
Y el cielo sorprendido por la bruma,
el denso olor de la piel evaporada,
los rostros brillantes,
las nubes de sudor.

### ii
Un ejercicio para el paladar sediento,
para estampar en el cristal del espejismo,
un beso torpe y seco.

Algo parecido al viento hierve en la ciudad,
revuelve en el suelo un árido pasado entre la luz.
Es el susurro del fuego que recorre los bordes arrugados
de la calle donde se ocultan las cascabeles,
que se pasea por la ruta del silencio reventado,
por el muro indiferente donde caen por igual los cuerpos, sus sombras y
la tarde.

### iii
Agosto es el mes más cruel para cruzar,
es en realidad un mes para volar,
para apretar los puños y correr sin volver en las esquinas,
correr y evaporarse entre las piedras,

reducirse poco a poco entre la tierra.

Ascender,
viento caliente serpenteando en la Rumorosa,
posarse como un reptil sobre una piedra redonda y blanca
y abrir los brazos.

Un mes para lanzarse sobre el sol
y ser el río delicado que limpia las orillas de la acera,
volver al polvo y encontrarse en él.
El día a día de la piel quebrada.
Agosto descascarándose en la tarde, sol que se despega de la espalda.

iv

Anochecer de manos rojas,
diminutas olas revientan en las rocas,
en los corazones muelles,
en los dedos barcos de dos manos que se acarician en las Playas de Tijuana.

Al otro lado del espejo del agua,
una laguna seca agita sus propias olas,
la luna se refleja total sobre la tierra y dos manos se acarician,
temblorosas, escuchando al desierto,
esperando quizás el leve abrazo de la brisa.
Ha llegado el tiempo de la arena.
El justo tiempo de cerrar los ojos,
sin esperar ya nada.
Sin esperar.

v

En el desierto caen sueltas las palabras.
Se empujan con las piernas de las gentes que pasan.
El sonido de los pasos y las piedras.
En el desierto se ven palabras astilladas en el pie.

No dice nada la sordidez de las calles
ni el aroma tibio de la sed, nada el vapor que nos destila.
Es de noche y el desierto se cuela por las ventanas.
Entran los cantos de la piedra por detrás de las cortinas,
canta el Centinela a lo lejos:

*Teman a los pulmones secos.*
*Teman a los ladrillos que crecen bajo la piel,*
*a la roca primigenia con la que hicieron estos cuerpos.*
*Teman al dolor de la carne transformada en piedra,*
*teman infinitamente al mar que nos rodea de su ausencia,*
*teman ser la mancha seca de la sangre.*
*Tiemblen si a la sal del sol se le escapa el viento.*

## vi

Se humedecen los ojos por la calle de un lugar cualquiera.
Duele bajo el sol el inexplicable llanto.
Duele cuando se camina rápido y las gentes miran a las gentes,
y se ven llorar,
y nadie dice nada.

A este lado del muro,
vapor.

Quedan secas las manos.
Algo de viento revuelve en la habitación las cenizas,
nada imaginario,
tabaco consumido y aroma seco las cenizas.
Nacen en los labios canciones tibias,
cantos que devuelven la humedad.
El susurro de las voces sobrevuela por las calles,
algunos músicos ambulantes y los autos.

A veces quedan secas las voces en la Línea,
otras veces cantan, cantan como un refrescante trago.

## vii

Se levanta enrojecido el día.
El dominio del sol,
cruje el enardecido hierro de sus fauces.
La luz en el valle entra lateral,
como un viento espacial que nos despeina la sombra.
Un amarillo acercamiento al cuerpo.
Observar de cerca el fuego en sus ojos,
arder para sobrevivir,
el crisol en la piel,
tu sonrisa se parece al amanecer,
le susurran voces desconocidas al oído.

Solo afuera el mundo arde,
afuera y dentro de la piel el mundo arde,
pero eso es todo.
Los corazones se cubren,
continúan su vida en la sombra,
la esperanza del agua se renueva a cada instante,
recorrer la ruta de la lluvia entre las montañas,
recorrerla como la fiebre.

## viii

Dicen que un poco al sur,
lloran las ballenas en el mar.

## ix

No se pierde el grito entre las piedras.
El polvo es aullido antiguo,
nos escuchan de muy lejos,
saben que estamos cerca.

El canto sobrevuela la noche.

X

El Centinela no duerme.
Resguarda las líneas de la mano de la tierra.
El Centinela guarda silencio,
escucha con atención
la súplica de la gente que camina por el valle,
escucha y luego canta:

*Piedra de las llamas rudas,*
*del fuego incandescente de la tierra.*
*Piedra de la tempestad y del misterio.*
*Piedra roja,*
*tierra gris.*
*Piedra de los ancestros sepultados.*
*Piedra de las montañas dormidas,*
*del arenal misterioso de las almas.*
*Piedra azul,*
*tierra negra.*
*Piedra de los insectos y las serpientes.*
*Piedra de la luz y Piedra de la sombra,*
*anciana madre de los desiertos,*
*brazo agitado de la tormenta,*
*herida sobre la piel del tiempo,*
*mapa indescifrable del destierro,*
*ardiente mineral.*
*Piedra roja.*
*Piedra azul,*
*abre con dulzura tus grietas sobre nosotros,*
*quiebra en ti el gesto inmisericorde,*
*revela sobre nuestra piel tu árido secreto,*
*arranca la telaraña que nos atrapa la lengua,*
*el barro disecado de nuestros labios,*
*las lagunas secas y saladas de nuestra piel.*
*Piedra de las Piedras,*
*brote de ti la sangre sin color,*

*convierte nuestra canción en agua.*

El Centinela no duerme,
es un barco encallado en el corazón de la arena.
Es un barco o una ballena de piedra,
abuela de todas la ballenas.
No duerme nunca el Centinela,
Canta, canta, susurra.
Los que caminan apagan las luces.

# XII

> *"We must go*
> *we must depart!*
> *This is not a place where we should be*
> *they must find us in a hidden place."*
> — Popol Wuj

There were the mountain rises
rises the sleeping memory of the earth.
All is wilderness
the trees
the brushes and their flowers
the mosquitoes trapped
in the old knots of time
the moist of dawn
the light that crosses through the wingbeat of a bird
the cloud and the branches
the stone on the damp earth.
Over there where the grass grows
vegetal beard of the ancestry
that's where my home was.

There's a broken tree
a broken branch
that falls to the ground
still green.
There is a stone
and underneath it
another broken stone
and the body of a dead beetle
shouldered by the ants.
If you look carefully

under the branch
between the stones
on the path of the ands
a battery
or a glass
or a shoe
will appear
something
anything
probably broken
that will remind you
that at the foot of the broken tree
there was your home.

They grow wild
the yellow flowers
tiny they look
like a colony of abandoned toys
in the middle of a patio.
They are small
fragrant
they grow wild
the yellow flowers
making their own way
on what used to be
the road to the village
where they called
the yellow flowers
the flowers of the dead
that grow wild
and that people cut
to take to the graveyards.

# XII

> *"¡Debemos irnos*
> *debemos marcharnos!*
> *Éste no es un lugar donde debamos estar*
> *en un lugar escondido deben ubicarnos."*
> — Popol Wuj

Ahí donde crece la montaña,
crece la memoria dormida de la tierra.
Todo es monte,
los árboles,
las matas y sus flores,
los mosquitos atrapados
en los nudos viejos del tiempo,
la humedad del sereno,
la luz que atraviesa el aleteo de un pájaro,
la nube y las ramas,
la piedra sobre la tierra húmeda.
Ahí donde crece la grama,
barba vegetal de los abuelos,
ahí estaba mi casa.

Hay un árbol quebrado,
una rama quebrada
que cae al suelo,
verde aún.
Hay una piedra,
y bajo esta,
otra piedra quebrada,
y el cuerpo de un insecto muerto
llevado en hombros por las hormigas.
Si buscas bien,

aparecerá bajo la rama,
entre las piedras,
en el camino de las hormigas,
una batería,
o un vaso,
o un zapato,
algo,
cualquier cosa,
seguramente quebrada,
que te recuerde
que al pie del árbol que está partido,
ahí estaba tu casa.

Crecen silvestres
las flores amarillas,
diminutas se observan
como una colonia de juguetes abandonados
en el centro de un patio.
Pequeñas son,
olorosas,
crecen silvestres
las flores amarillas,
haciendo su propio camino
sobre el que antes fuera
el camino que llevaba al pueblo,
donde llamaban flor de muerto
a las flores amarillas
que crecen silvestres,
y que se cortan
para llevar a los cementerios.

# XIII

## PRAYER TO THE LONELY
## SOUL OF
## JUAN SOLDADO

In the name of God Almighty Spirit and Ghost of Juan Soldado for very righteous reasons and with my heart overflowing with faith in your immediate help I come to trust you all the sorrows that torment me morally and materially not doubting for an instant that through your infallible intercedence before the Almighty I find fulfilled my righteous wishes if these are convenient to the greater Glory of our Lord God and Your own in Particular.

I am here on the shore of the wall   Juan Soldado help me cross to the Other Side help me to arrive with my family make me invisible   don't let them hear me don't let me see me   don't let them feel me   help me here and on the Other Side   don't let them find me Juan Soldado but don't let me get lost either.

# XIII

## ORACIÓN AL ÁNIMA
## SOLA DE
## JUAN SOLDADO

En el nombre de Dios Todopoderoso, Espíritu y Ánima de Juan Soldado, por motivos muy aciertos y con mi corazón rebosante de fe en tu inmediata ayuda, vengo a confiarte todas las penas que me atormentan moral y materialmente, no dudando ni un instante que por medio de tu infalible intercesión ante el Todopoderoso, vea colmados mis buenos deseos, si estos convienen a mayor Gloria de Dios Nuestro Señor y Tuya en Particular.

Estoy acá a la orilla del muro, Juan Soldado, ayúdame a cruzar al Otro Lado, ayúdame a llegar con mi familia, hazme invisible, que no me escuchen, que no me vean, que no me sientan, ayúdame aquí y del Otro Lado, que no me encuentren, Juan Soldado, pero tampoco que yo me pierda.

# XIV

One day
he got up thinking
"I am going to go"
and the immense void that devoured his soul
started to fill slowly with sand.
Several nights later
before going to bed
he finally uttered it
"I am going to go"
his family
his home
and his village
began to fill slowly with sand.

One day
he woke up thinking
"we have to go"
and the cold began to soak him from his bones to his heart
from his heart to his dreams.
A few hours later
he finally uttered it
"we are leaving!"
his family
his home
and his community
immediately changed their name.

## XIV

Un día
se levantó pensando
"me voy a ir",
y el vacío inmenso que le devoraba el alma
empezó a llenarse lentamente de arena.
Varias noches después,
antes de acostarse,
al fin lo pronunció
"me voy a ir",
su familia,
su casa
y su aldea
empezaron a llenarse lentamente de arena.

Un día
se levantó pensando
"tenemos que irnos",
y el frío empezó a calarle de los huesos al corazón,
del corazón a los sueños.
Unas cuantas horas después,
al fin lo pronunció,
"¡nos vamos!",
su familia,
su casa
y su colonia
cambiaron inmediatamente de nombre.

# XV

Here there was a pond
like a mirage
that did not know of its ephemeral vapor on the rocks.
There used to be water here they say
and further south the whales
and a wound on the earth
on which somewhere lets a stone drop.
The sound of things that fall in the fire
signs that hope to shine in the sky
incandescent magma splattering drop.

There was a pond here
we imagine beautiful
we imagine fresh
we wish we'd remember
as a small garden of little fish
where the larger ones
learned to improve on that idea
of eating the smaller ones.
Here there was a pond
and if the water was still
then there was probably a river
that made these stones round
before they were free shots
from a sling abandoned in the desert.

And before
before it was the bottom of the sea
and the whales mated right here
not further south where we hear their melancholy laments
through this piece of seafloor

where their whale ancestry divided up the sea
as if placing bets.

Here is the desert
and here the sea
and between one and the other
a pond that we would like to remember fresh
if we were to remember of course
if we remembered that this peninsula
which is divided in the continent
by a capricious metal corpse
rather than by an ancient wound in the earth
that this piece of continent
emerged from the water
with us
with our heart of stone
our heart of earth
our heart of jungle.
If we remember when this desert we are crossing
emerged from the water
id did so with the enormous beasts that emerge from the water
their fangs dripping
hungry
unprepared
tormented believing it was
the last beast to emerge from the water.
There to the north
there in the center
there primaeval sister
hugging its belly awaits
to receive the bodies
our bodies
as a frightened reconstruccion
of its marine memory
and that now becomes a step

road without memory
without recognizable footprints.

It emerged with us
the down broke
time broke for us.

And here we are
here we continue
asking
where we go when we go
where the steps
and the monotonous darkness of buses
that lean into the abyss
where dry gazes sink
like that stone.
Where do we fall
if we fall
where do we arrive
if we arrive.

There are no dry leaves
there are small shrubs
that emerge from the earth
like a fist that opens
sober
colorful cacti snakes and lizards
that emerge from the sand
like a hand blooming
quietly.
This is how we made our way
between the sun
and the thorns.
This is how we discovered life
sober

quiet
pursued
in the very heart of dust
where there was once a pond.

# XV

Acá había una laguna
como un espejismo
que ignoraba su vapor efímero sobre las rocas.
Había acá agua, dicen,
y más al sur las ballenas,
y una herida en la tierra
en la que alguien deja caer una piedra.
El sonido de las cosas que caen en el fuego,
signos que esperan resplandecer en el cielo,
magma incandescente, gota que salpica.

Hubo acá una laguna,
que imaginamos bella,
que imaginamos fresca,
que quisiéramos recordar
como un pequeño jardín de pececitos
donde los más grandes
aprendían a mejorar aquello
de comerse a los más chicos.
Acá estaba una laguna,
y si estaba el agua quieta,
había entonces algún río
que hizo redondas estas piedras
antes de ser disparos sueltos
de una onda abandonada en el desierto.

Y antes,
antes era el fondo del mar,
y las ballenas se apareaban acá justo,
y no más al sur donde escuchamos sus lamentos melancólicos
por este pedazo de lecho marino

donde sus ancestros ballena se dividían el mar
cómo jugando a las apuestas.

Acá es el desierto,
y acá era el mar,
y entre uno y otro
una laguna que nos gustaría recordar fresca,
si recordáramos, claro está,
si recordáramos que esta península
que se parte en el continente,
antes por un cadáver de metal encaprichado,
que por la antigua herida de la tierra;
que este pedazo de continente
emergió de las aguas
con nosotros,
con nuestro corazón de piedra,
nuestro corazón de tierra,
nuestro corazón de selva.
Si recordáramos que cuando este desierto que atravesamos
emergió de las aguas,
lo hizo como las grandes bestias que emergen de las aguas,
goteando de los colmillos,
hambrienta,
desprevenida,
atormentada creyendo ser
la última bestia que emergía de las aguas.
Allá al norte,
allá al centro,
ahí hermana primigenia
abrazada sobre su vientre,
espera para recibir los cuerpos,
nuestros cuerpos,
como reconstrucción asustada
de su recuerdo marino,
y que se hace ahora paso,

camino sin memoria,
sin huellas reconocibles.

Emergió con nosotros,
se partió el amanecer,
se nos partió el tiempo.

Y acá estamos,
acá seguimos,
preguntando
a dónde vamos cuando nos vamos,
a dónde los pasos
y la monótona oscuridad de los buses
que se decantan a los barrancos,
donde se hunden las miradas secas
como aquella piedra.
A dónde caemos,
si caemos,
a dónde llegamos,
si llegamos.

No hay hojas secas,
hay pequeños arbustos
que emergen de la tierra
como un puño que se abre
discreto,
cactus de colores serpientes y lagartijas
que emergen de la arena
como mano que florece
silenciosa.
Así nos hicimos camino
entre el sol
y las espinas.
Así descubrimos la vida,
discreta,

silenciosa,
perseguida,
en el corazón mismo del polvo
donde antes hubo una laguna.

## Julio Serrano Echeverría
(Xelajú, Guatemala, 1983)

Poeta y artista multidisciplinario. Es cofundador y editor de cultura en Agencia Ocote. Estudió Literatura en la Universidad de San Carlos de Guatemala, también ha tenido fomación en cine y artes visuales. Ha sido becario de la Fundación Carolina en España, de la Residencia para Artistas de Iberoamérica FONCA-AECID en México y de la Fundación Yaxs en Guatemala.

Ha publicado varios libros de poesía y crónica, *Tierra* (Sophos, 2020) *Antes del mar* (Metáfora, 2018), *Estados de la materia* (Catafixia 2017), *Central América* (Valparaíso, 2015), entre otros libros de poesía; además varios libros de literatura infantil, como *Dos cabezas para meter un gol* (Libros para niños, 2021), *Balam, Lluvia y la casa* (Amanuense, 2018) y *En botas de astronauta* (Amanuense 2015). Publica periódicamente ensayos, crónicas y reseñas en medios de la región. Parte de su trabajo ha sido traducido al inglés, francés y bengalí.

Ha trabajado en diversos registros entre el cine documental y la fotografía en diálogo con el periodismo, el ensayo visual, la ficción y la imagen experimental. Varios de estos trabajos ha participado en exposiciones de arte contemporáneo y festivales de cine.

Guatemalan poet and multidisciplinary artist. Founder and creative coordinator of Agencia Ocote, an interdisciplinary project based on the interpretation of the Central American reality. He studied Hispano-American literature. He has received awards from the Fundación Carolina of Spain, the Residencia para Artistas de Iberoamérica FONCA-AECID in Mexico, as well as residency programs at the University of Colorado in Colorado Springs and the Fundación YAXS in Guatemala City.

Serrano has written several books of poetry, also published children's

As an audiovisual artist, Serrano has worked in various modes, between news documentary, film essay, fiction, photography and video art; Working out from literature, he has explore diverse possibilities of the multidisciplinary-platform, from text to image, sound, and space; many of these projects have been shown in group exhibitions in Guatemala, Mexico, and the United States.

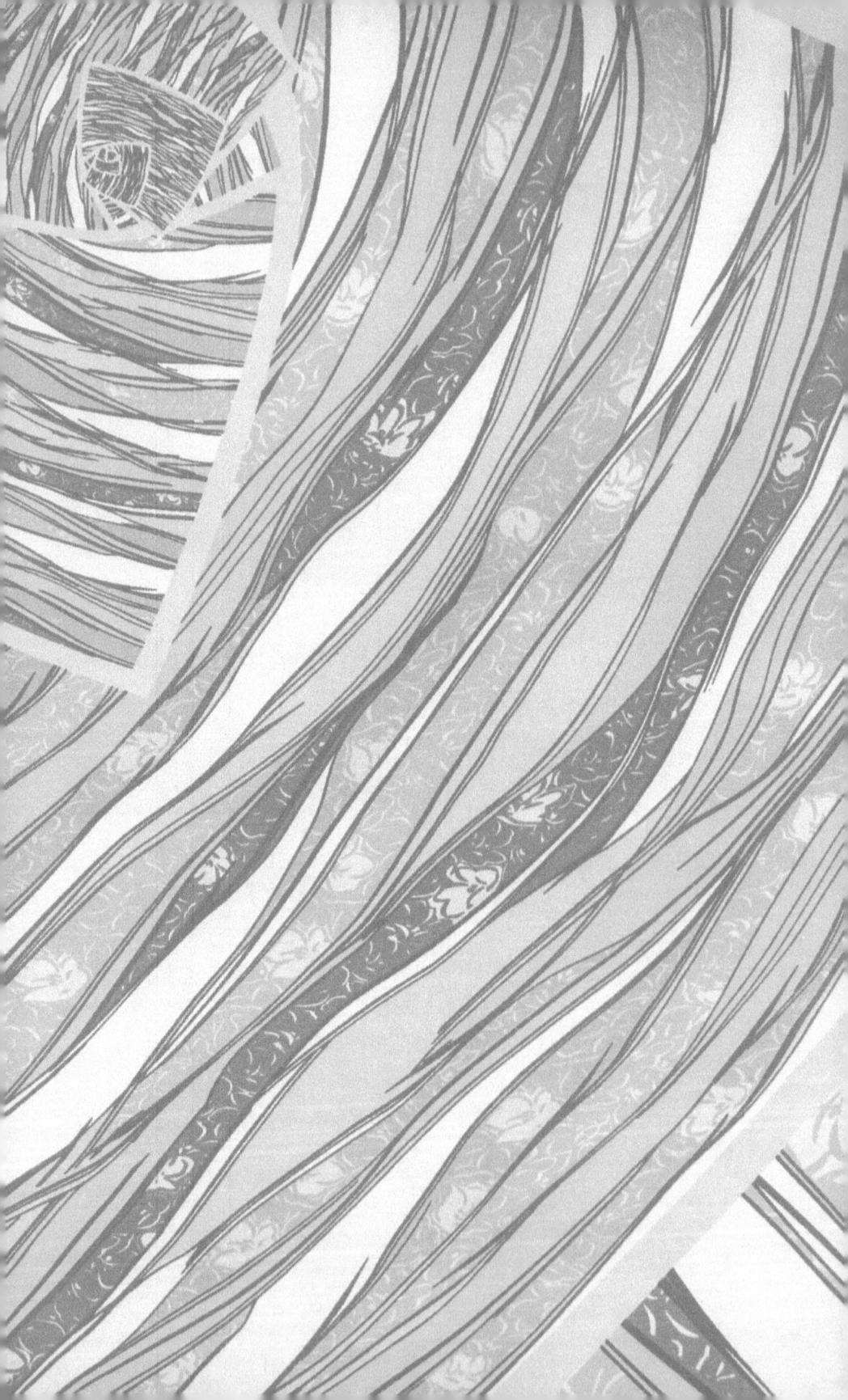

www.ingramcontent.com/pod-product-compliance
Lightning Source LLC
Chambersburg PA
CBHW021430070526
44577CB00001B/148